Angelika Schmelzer

Islandpferde

Eine kleine Isi-Kunde

CADMOS PFERDEBÜCHER

Inhalt

Islandpferde erobern unsere Herzen im Sturm.

Schon die Fellfarbe lässt oft erkennen, dass es sich beim Islandpferd um eine sehr ursprüngliche Rasse handelt.

Einleitung

Islandpferde, die sagenhaften Ponys von der Vulkaninsel, brachen vor mehr als fünfzig Jahren in die verkrusteten Strukturen der mitteleuropäischen Reiterei ein. Sie legten den Grundstein für weit reichende Veränderungen und Verbesserungen in Haltung und Ausbildung und ebneten auch vielen anderen ausländischen Rassen den Weg ins traditionelle Land der Warmblutpferde. Heute laufen sie Gefahr, dem Kommerz zum Opfer zu fallen, denn aus der Liebhaberei weniger Ponyverrückter ist längst eine gut geölte Maschinerie geworden, deren Prioritäten nicht immer über jeden Zweifel erhaben sind.

Es liegt an uns, ihren Charme, ihre Ursprünglichkeit und ihre ganz eigene Mischung aus Wildheit und Freundlichkeit zu pflegen und zu erhalten.

Ursprung und heutige Verbreitung der Islandpferde

Islandpferde stammen aus Island, von jener Insel aus Feuer und Eis, die im neunten Jahrhundert von norwegischen Bauern besiedelt wurde. Diese brachten damals nicht nur ihre Kultur, Religion und ihren gesamten Hausrat mit, sondern auch ihre Pferde: Nachfahren des Germanenponys und Keltenponys aus Schottland. Aus diesem Stamm entwickelte sich im Laufe der nächsten Jahrhunderte das Islandpferd – oder Islandpony – wie wir es kennen. Es gilt heute als sicher, dass diese Entwicklung weitgehend ohne den Einfluss fremder Rassen stattfand. Es gab also weder Kreuzungen noch Veredelungen, die den ursprünglichen Typ des Islandpferdes verfälschten. So kann davon ausgegangen werden, dass es sich beim Islandpferd um eine sehr ursprüngliche Rasse handelt, die sich in den letzten Jahrhunderten kaum verändert hat.

Überlebenskampf

Um auf der kargen und kalten Nordmeerinsel überleben zu können, mussten Menschen und Pferde sich den dortigen Bedingungen anpassen. So entstand eine Pferderasse, die sich auch heute noch durch große Genügsamkeit und Robustheit auszeichnet. Nur wer mit der mageren Futtergrundlage zufrieden war, das oftmals sehr anspruchsvolle Geläuf verkraftete und mit teilweise extremen Wetterbedingungen zurecht kam, konnte langfristig überleben.

Die isländische Bevölkerung war und ist eng mit dem Islandpferd verbunden. In früheren Zeiten spielte das Pferd in der Sagenwelt wie im Alltag eine entscheidende Rolle: Odins Pferd Sleipnir galoppiert achtbeinig durch die Edda, zahlreiche Gaedingar tölten durch die isländische Dichtung und zweibeinige Würdenträger unterstrichen ihre Macht durch den Besitz von Pferden. Doch noch wichtiger ist die praktische Bedeutung, die dieses zähe Urpony für die Besiedlung und Entwicklung Islands hatte. Ohne das Islandpferd, so viel steht fest, wären die norwegischen Bauern damals an den schwierigen Lebensbedingungen auf der Insel gescheitert.

Das über Jahrhunderte an die Wetterbedingungen Islands angepasste Pony verkraftet die hiesigen Winter spielend.

Rückschritt und Fortschritt

Es kam allerdings eine Zeit, in der die Menschen ihren vierbeinigen Freund und Helfer zu vergessen schienen. Der technische Fortschritt wies dem Islandpferd traurige Rollen zu, etwa als Lastenpony in den Kohlegruben Englands, um es dann wenig später fast überflüssig zu machen. Islands Straßennetz war weitgehend entwickelt, Automobile ersetzten das stolze Ross als Statussymbol, das Islandpferd war allenfalls noch als Schlachtvieh zu gebrauchen. Einzig beim Schafabtrieb aus dem Hochland wurde es noch benötigt. Gerade noch rechtzeitig brachte der Fortschritt eine weitere Entwicklung, die zur Rettung von Skinfaxi, Hraftinna und Co. werden sollte: Die breite Masse der

Reiten: Was früher ein Privileg der Reichen war, ist – nicht zuletzt dank des Islandpferdes – heute längst ein Volkssport.

Der IPZV gibt der Islandpferdereiterei eine straffende und zielgerichtete Struktur.

Bevölkerung hatte dank zunehmender Technisierung plötzlich mehr Freizeit, und diese wollte natürlich sinnvoll und mit Freude verbracht werden. So entdeckten die zweibeinigen Isländer ihre vierbeinigen Freunde wieder, und wenig später eroberte das Islandpferd auch den Kontinent.

Hier rannten die fröhlichen Ponys offene Türen ein. Reiten wurde allmählich zum Volkssport und das Islandpferd zum Sinnbild einer Entwicklung, bei der zunehmend die natürlichen Bedürfnisse und Anlagen des Pferdes berücksichtigt werden, sei es in der Pferdehaltung oder beim Reiten. Vor allem in Deutschland, in Österreich und der Schweiz fassten die strubbeligen Importe schnell Fuß und stellten die Reiter erst einmal vor die schwierige Frage, wie denn die eigenartigen Gangarten des Islandpferdes zu verstehen und zu reiten seien. Gleichgesinnte fanden sich bald zusammen, ein eigenes Vereinswesen entstand ebenso wie eine spezielle Form des Turnierreitens. Auch die Zucht erhielt eine formende Struktur – alles unter der Schirmherrschaft des IPZV, des Islandpferde-Reiter und Züchterverbandes.

Bald wurde es notwendig, auch auf internationaler Ebene Übereinkünfte zu erzielen, wie denn das Islandpferd zu züchten und zu richten sei; dies war die Geburtsstunde der FEIF, der Föderation Europäischer Islandpferdefreunde. Die international bindenden Regeln ermöglichen einen landesübergreifenden Vergleich der jeweiligen Islandpferdepopulationen sowohl im Hinblick auf die Zucht wie auch das Turnierwesen. Zudem wird die Reinzucht des Isländers auch für die Zukunft gesichert und bleibt so von kurzlebigen Modeerscheinungen und Trends im Pferdesport verschont. Die typischen, liebenswerten Eigenschaften und Eigenheiten des Islandpferdes werden uns wohl auch in Zukunft erhalten bleiben.

Typisch Islandpferd

Typisch Islandpferd ist es beispielsweise

• Islandpferden immer einen isländischen Namen zu geben. Die Vornamen sagen oft etwas über das Exterieur oder Interieur des Pferdes aus oder sind der Sagenwelt entnommen. Der Nachname gibt Auskunft über die Herkunft des Pferdes.

Seine allerersten Schritte unter dem Reiter tut auch dieser junge Isländer unter freiem Himmel.

Sein Vorname „Atli" erinnert an den Hunnenkönig Attila, der Nachname „vom Hochwaldhof" benennt die Zuchtstätte.

• den extrem spätreifen Isländer frühestens mit viereinhalb Jahren anzureiten. Er dankt uns diese Rücksichtnahme mit großer Leistungsbereitschaft und guter Gesundheit bis ins hohe Alter.

• das Training von Freizeit- und Sportpferden überwiegend nach draußen zu verlegen, entweder ins Gelände oder auf die Ovalbahn. Islandpferde verlieren ihren Laufwillen und ihre typische Spritzigkeit, zwingt man sie zum Abspulen immer derselben Übungen in der Langeweile einer Reithalle.

• Islandpferde fast ausschließlich auf eigenen Turnieren, in speziellen Prüfungsformen vorzustellen. Dazu gehört immer auch eine besondere Reitbahn, die Ovalbahn, die den Erfordernissen des Gangpferdereitens entspricht und

Artgerechte Haltung: Gut – und schön!

Vor allem die Spezialgangart Tölt hat das Islandpferd hierzulande bekannt gemacht.

meist durch einen Passschenkel verlängert und ergänzt wird.

- Isländer stets artgerecht zu halten, wobei die Gruppenauslaufhaltung und die Weidehaltung den natürlichen Bedürfnissen der Pferde am nächsten kommen.
- am Reinzuchtgebot streng festzuhalten. Dieses hat zur Folge, dass einmal exportierte Islandpferde nie wieder in ihre Heimat zurück verbracht werden dürfen. Island schützt sich mit dieser Maßnahme auch vor der Einschleppung infektiöser Erkrankungen.

Spezielle Gangveranlagung und Gangverteilung

Die spezielle Gangveranlagung des Islandpferdes übt eine besondere Faszination auf seine Reiter und Fans aus. Wer erstmals in die Islandpferdeszene hinein schnuppert, wird oft durch die Vielzahl verwirrender Begriffe, aber auch durch manche Missverständnisse oder unzulässige Verallgemeinerungen verunsichert.

Ambitionierte Islandpferdereiter stellen sich und ihr Pferd immer wieder der kritischen Begutachtung durch einen Trainer.

Wie viele Gänge dürfen es sein?

Islandpferde gehören zur großen Gruppe der Gangpferde und sind deren bekannteste Vertreter. Sie verfügen neben den Grundgangarten Schritt, Trab und Galopp zusätzlich über einen oder zwei Spezialgänge, Tölt und Rennpass genannt. Sie werden als Viergänger bezeichnet, wenn sie die Grundgangarten und den Tölt beherrschen, und als Fünfgänger, wenn sie zusätzlich über Rennpass verfügen. Allerdings treten veranlagungs- oder ausbildungsbedingt auch andere Kombinationen von Gangarten auf, die unerwünscht sind. So fehlen dem Dreigänger die Spezialgangarten gänzlich, andere Kollegen tun sich mit dem Trab schwer oder fallen durch wenig getrennte, unklare Gangarten auf.

Ganz sicher ist eines: Draufsetzen und lostölten, daraus wird nichts! Die Spezialgangarten erleichtern dem Reiter seine Aufgabe keineswegs, wie oft vermutet wird, sondern lassen das (gute) Reiten von Islandpferden zur ständigen Herausforderung werden. Alle Gänge wollen sauber herausgeritten und gepflegt werden, die Gangtrennung gilt es durch sorgfältige Ausbildung zu fixieren und Taktunreinheiten zu vermeiden oder durch geeignete Maßnahmen zu korrigieren. Die Pflege und weitere Ausbildung der Gänge ist eine Aufgabe, die den Islandpferdereiter ständig neu fordert und das Islandpferd ein Leben lang begleitet.

Genau hingehört und hingesehen

Die Grundgangarten Schritt, Trab und Galopp lernen die meisten Reiter von der ersten Longenstunde an kennen, sie sind deshalb meistens mit den typischen Eigenschaften jedes Gangs vertraut: Sitzgefühl, Rhythmus und Takt gehen dem Reiter in Fleisch und Blut über. Bekanntschaft mit Tölt und Rennpass schließen die meisten erst als Fortgeschrittene, sie müssen sich dann zunächst in die ganz eigenen Bewegungsabläufe einfühlen. Dazu gehört es auch, sich mit der Zeit zunehmend Wissen und Erfahrung bezüglich der vielen Gangvarianten und der speziellen Probleme anzueignen, die mit dem Gangpferdereiten oft verbunden sind, vom Schweinepass über den Trabtölt zum Passtölt, von der Galopprolle über das Tribulieren bis zum gelaufenen Galopp.

Den Bewegungsablauf im Tölt wünscht der Reiter sich leicht und flüssig.

Der Tölt ist ein Viertakt in acht Phasen.

Tölt und Rennpass

Den Tölt stellt sich der Neuling am besten als eine stufenlos schneller zu reitende Variante des Schritts vor. Der typische Viertakt bleibt erhalten, doch die Geschwindigkeit lässt sich, je nach Veranlagung und Ausbildung, aus dem Schritttempo bis zum Galopp steigern. Für den Reiter fühlt es sich dabei so an, als würde das Pony quasi unter ihm durchrollen, da immer ein oder zwei Hufe den Boden berühren und jegliche Sprungphase fehlt. Typisch für diese Gangart ist die hohe Aufrichtung des Pferdes, die allerdings erritten und nicht über die Hand erzwungen werden muss. Ein guter Tölter nimmt den Reiter in die Bewegung mit und fasziniert vor allem durch die Kombination von Mühelosigkeit und Tempo.

Der Rennpass lässt sich dem Islandpferdeneuling am besten mit dem Trab vergleichen, ist aber, wie der Name schon sagt, eine grundsätzlich sehr rasant gerittene Gangart. Während sich im Trab die diagonalen Beinpaare im Zweitakt bewegen, sind es im Rennpass die jeweils gleichseitigen, die gleichzeitig nach vorne geführt werden. Dazwischen liegt, wie im

Typisch Rennpass: Die gestreckte Haltung des Pferdes, hier in der Schwebephase.

Der Rennpass ist ein Viertakt in acht Phasen.

Trab, eine Schwebephase. Wer genau hinsieht kann erkennen, dass auch der Rennpass eigentlich ein Viertakt in acht Phasen ist, also die gleichseitigen Beine nicht exakt gleichzeitig auffußen. Der Rennpass kann aus dem Tölt oder dem Galopp heraus geritten werden, wobei das durch einseitige Hilfengebung erreichte „Legen" aus dem Galopp die gebräuchlichere Methode ist. Durch die hohe Geschwindigkeit und die großen Anforderungen an das Pferd stellt gutes Rennpassreiten den Islandpferdefreund vor eine besonders interessante und schwierige Aufgabe.

Häufige Missverständnisse

Hartnäckig hält sich das Gerücht, der Tölt sei eine besonders einfach zu reitende Gangart – dem ist nicht so. Es gilt stets, Taktabweichungen in Richtung Trab oder Pass, Haltungsprobleme oder andere Schwierigkeiten zu korrigieren und den Tölt als reine, gut getrennte und mit variabler Geschwindigkeit zu reitende Gangart zu pflegen.

Unter einem ***Naturtölter*** versteht man keineswegs jedes Pferd, das den Tölt als genetische Veranlagung trägt, sondern eine ganz bestimmte Form der Gangverteilung, bei der das Islandpferd über sehr viel Tölt verfügt und dabei von Natur aus im Gleichgewicht geht.

Mit dem als ***Eintölten*** bezeichneten Ausbildungsabschnitt werden keinesfalls nicht töltveranlagte Pferde in den Tölt gezwungen. Vielmehr reitet man Islandpferde oft zunächst in der Gangart, die sie von sich aus anbieten – also Trab oder Tölt – und beginnt bei trabveranlagten Pferden eben erst später mit der Ausbildung des Tölt.

Streng genommen fällt jede künstliche Beeinflussung des Gangwerks unter den Oberbegriff ***Gangpferdemanipulation.*** Es hat sich aber eingebürgert, nur ethisch unlautere Mittel so zu bezeichnen und andere Methoden wie etwa die Verwendung von Glocken als übliche, sinnvolle und unschädliche Arbeitsmethode anzusehen.

Huch! In aller Ruhe darf sich das junge Pferd überzeugen, dass ihm keine Gefahr droht.

Ausbildung mit Sachverstand

Für Islandpferde kommt der Ernst des Lebens später als für viele Kollegen anderer Rassen, nämlich frühestens mit viereinhalb bis fünf Jahren. Erst dann sind sie körperlich und geistig so weit gereift, dass mit der Arbeit begonnen werden kann. Zu Anfang steht Bodenarbeit auf dem Stundenplan: Führen, Longieren ohne und später mit Sattel und Trense und schließlich erste Aufsitzversuche eines leichten Reiters am longierten Pferd. Zunächst verhält sich der Reiter passiv und spielt die Rolle eines Passagiers, der dem jungen Pferd hilft, unter der ungewohnten Last sein Gleichgewicht zu finden. Erst allmählich wirkt er deutlicher auf sein Pferd ein und schon nach einiger Zeit geht es ins Gelände – als Handpferd mit einem erfahrenen Führpferd, versteht sich.

Sobald Einigkeit über Temporegulierung und Richtung herrscht, löst sich der Reiter aus seiner passiven Rolle und übernimmt die Initiative, übt auch alleine in der Bahn oder draußen. Die Trainingseinheiten beschränken sich zu Beginn auf etwa 15 bis 20 Minuten, um den Laufwillen des Pferdes nicht durch Überforderung zu brechen. Die Erstausbildung erfolgt meist in der Signalreitweise, einer zu den Arbeitsreitweisen gehörenden Form der Hilfengebung, die das Pferd zu aufmerksamer Mitarbeit erzieht und es vor der anfangs verwirrenden Flut an Hilfen bewahrt. Nach der

Um auf dieses Niveau zu kommen, ist jahrelange Übung auf beiden Seiten notwendig.

Grundausbildung werden bis dahin nicht töltende Pferde mit Töltveranlagung, die sich oft beim Freilaufen deutlicher zeigt als unter dem Reiter, eingetöltet.

Eine vielseitige Ausbildung, die das Pferd geistig frisch erhält und nicht zum Fachidioten verdammt, ist auch für Islandpferde mit einseitig hoher Veranlagung wünschenswert, wird aber heute oft wegen der Spezialisierung vernachlässigt. Dressurarbeit in der Bahn, flotte Geländeritte, Gymnastik an der Longe und Handpferdreiten wechseln einander bei einem optimalen Training ab. Zu beachten ist, dass eine Verbesserung in den Spezialgangarten – Takt, Tempo, Aktion, Aufrichtung oder Gangtrennung – keinesfalls durch beständige Übung gerade dieser Gangart erreicht wird, sondern durch abwechslungsreiche Arbeit und die Vermeidung von Verspannungen, die sich insbesondere bei falschem Reiten der Gangart Tölt (zu starke Einwirkung der Hand, Erzwingen der Aufrichtung über den Zügel) schnell einstellen.

Der Isländer kann zum Glück Kinderpony und Temperamentsbolzen gleichzeitig sein!

Sinnvolle Abwechslung im Training hält das Pferd frisch und locker.

Islandpferde im Einsatz

In der Öffentlichkeit ist das Islandpferd vor allem durch seine Spezialgangarten bekannt, doch haben die Isländer mehr zu bieten als Tölt und Pass. Bei einseitiger Konzentration auf die Gangveranlagung besteht die Gefahr, eine ganze Rasse in ein Schema zu pressen. Die zunehmende Bedeutung des Turniersports innerhalb der Gangpferdeszene hat auch durchaus negative Folgen: Immer mehr Pferde werden zu früh und mit zu viel Druck in Höchstleistungen getrieben und dabei immer öfter unter Bedingungen gehalten, die nicht mehr als artgerecht bezeichnet werden können.

Es scheitert jeder Versuch, das Islandpferd pauschal zu definieren. So spaltete die Frage, ob „der Isländer" ein feuriger Turniercrack oder ein gemütlicher Zausel sei, zeitweise die gesamte Szene. Dabei ist die Antwort so einfach: Er ist beides, denn die Rasse weist eine so große Bandbreite an Eigenschaften auf, dass sich für jeden Anspruch das passende Pferd finden lässt. Zudem stellen sich die meisten Islandpferde sehr einfühlsam auf ihren Reiter ein, sodass ein und dasselbe Pony an einem Tag im Turnier durch Spritzigkeit und gewaltiges Gangvermögen überzeugt und schon am nächsten Tag ein Kleinkind im gemütlichen Schritt durchs Gelände trägt.

Was kann es Wertvolleres geben als ein freundliches Schulpferd, auf dem kleine Kinder wie Max reiten lernen können?

Was Ihr Isi alles kann

Eine beinahe endlose Liste! Einfacher lässt sich definieren, was Islandpferde nicht können, denn diese Aufzählung wird sehr kurz: Ihr Isländer wird nicht in Dressurprüfungen gegen Warmblüter bestehen können, auch im Parcours keine „Häuser" springen und bei Distanzritten wohl eher durch Kondition und Härte als durch Geschwindigkeit überzeugen. Eine weitere Einschränkung betrifft das Gewicht des Reiters: Zwar sind insbesondere die kalibrigen Rassevertreter durchaus in der Lage, bei gutem Fundament auch schwergewichtige Erwachsene zu tragen, ausgesprochene Gewichtsträger sind sie jedoch nicht.

Die Mehrzahl aller Isländer wird als Freizeitpferd eingesetzt, wobei der Begriff der Freizeitreiterei durchaus ambitioniertes Reiten mit gelegentlichen Turnierbesuchen einschließt, denn wie in anderen Reitweisen auch lässt sich das Gros der Reiter keineswegs in „Turnierreiter" und „Freizeitreiter" unterteilen. Grundsätzlich ist das Islandpferd ein recht anspruchsvolles Reitpferd für Erwachsene, wobei Ausnahmen selbstverständlich die Regel bestätigen. Je nach Temperament und Gangveranlagung finden sich zahlreiche Rassevertreter, die sich als ideale Kinderreitpferde, Familienpferde oder gar als Therapiepferde eignen. Dies sind keineswegs die minder veranlagten Ponys, bei denen es zum Turnier einfach nicht gereicht hat, sondern Isländer, deren Qualitäten eben in anderen Bereichen liegen.

Selbstverständlich können Islandpferde auch gefahren oder gesprungen werden. Die meisten Reiter nutzen ihren Isländer als Freizeit- oder

In Begleitung seines großen Bruders Valur lernt der noch junge Skjanni die Welt kennen.

Gebrauchspferd und setzen dabei recht unterschiedliche Schwerpunkte. Mögliche Prioritäten sind dabei

- das Wanderreiten,
- die Distanzreiterei,
- der Breitensport,
- die Dressurarbeit,
- die anspruchsvolle Bodenarbeit, etwa am langen Zügel, oder
- das Handpferdreiten.

Ausrüstung à la Islandpferd

Die typische Ausrüstung des Islandpferdes unterscheidet sich weitaus weniger von der gewohnten, konventionellen Ausstattung als etwa die eines Westernpferdes. So wird ein Lederzaumzeug samt Reithalfter verwendet, das allerdings meist auf den Kehlriemen verzichtet und schmal und schlicht gehalten ist. Zum Einsatz kommen oft hannoversche Reithalfter, die jedoch wegen der rassetypisch kurzen Maulspalte ausreichend hoch verschnallt werden müssen, damit sie nicht auf die Nasentrompete drücken. Einfacher in der Handhabung ist das englische oder englisch kombinierte Reithalfter. Statt der gewohnten Gurtzügel greift der unter freiem Himmel reitende Islandpferdefan lieber zu geflochtenen Lederzügeln, die sich auch bei Kälte und Nässe noch gut fassen lassen. Des Islandpferdes liebstes Gebiss ist eine sorgfältig gearbeitete, doppelt gebrochene Wassertrense. Nur sehr weit ausgebildete Pferde werden, vor allem anlässlich von Turnierprüfungen, auch mit Kandarengebissen – einem ungebrochenen Pelham oder einer Dressurkandare – vorgestellt. Die als rassetypisch geltende Islandkandare ist mit äußerster Vorsicht zu genießen und gehört, wenn überhaupt, nur in die Hände absoluter Könner.

Das große Angebot an Sätteln erscheint auf den ersten Blick sehr verwirrend, zumal es in diesem Bereich in den letzten Jahren zahlreiche Neuentwicklungen gab. Grob lässt sich das Angebot in reine Sportsättel und Vielseitigkeitssättel unterteilen. Sportsättel sind meist extrem flach gehalten und unterstützen den Sitz beim turniermäßigen Reiten der Spezialgang-

Eine typische Zäumung: Edel, schlicht und ohne überflüssiges Leder.

High Tech-Produkte wie dieser Sattel und die Unterlage haben längst auch in den Islandpferdesport Einzug gehalten.

arten, bieten dem Geländereiter und dem Anfänger aber nicht genügend Halt. Islandpferdesättel, die stark an die Dressursättel der Großpferde angelehnt sind, sich von diesen aber durch verlängerte Trachten (bessere Gewichtsverteilung) und einen flacheren Sitz mit weiter hinter liegendem Schwerpunkt unterscheiden, eignen sich als vielseitig einsetzbare Sättel für alle Sparten der Islandpferdereiterei bis hin zu Turnierprüfungen.

Die oft wenig ausgeprägte Sattellage und der tonnige Rumpf des Islandpferdes machen es häufig notwendig, den Sattel durch einen Schweifriemen oder einen Vorgurt zuverlässig an seinem Platz zu halten, vor allem in bergigem Gelände. Unter dem Sattel saugt eine Satteldecke, eine Schaumstoffunterlage oder ein mit Stoff überzogenes Gelpad den Schweiß auf. Auch Lederdecken, Filzdecken oder Woilachs werden, je nach Einsatzgebiet, verwendet. Die Steigbügelriemen verlaufen bei den meisten Sattelmodellen unterhalb des Sattelblattes und unterstützen so ein ruhig liegendes Bein. Sicherheitssteigbügel in verschiedenen Varianten ergänzen die ebenso schlichte wie sinnvolle Ausrüstung. Erwähnenswert sind außerdem noch Gewichte und Schutzmaterialien in verschiedener Ausführung, die dem Pferd helfen, sein Gleichgewicht in einer Gangart zu finden oder die Bewegungshöhe und -weite zu verbessern, und das Pferd dabei vor Verletzungen, insbesondere Ballentritten, schützen: Scalper, Glocken, Ringe, Ballenboots und Doppelballenboots. Alle Hilfsmittel, die zur Verbesserung des Tölts eingesetzt werden, sind allenfalls zum kurzfristigen Gebrauch gedacht und

Ringe, Scalper und Glocken schützen vor allem vor Verletzungen an Ballen und Fesseln.

werden bei dauerndem Einsatz schnell zur hemmenden Krücke.

Ein berauschendes Bild, doch hier wird nur eine Facette des vielseitigen Islandpferdes beleuchtet.

Turniersport und IPZV-interne Fortbildung

Sehr viele Islandpferdereiter nehmen an Turnieren teil. Diese dienen in erster Linie der Leistungsbeurteilung von Reiter und Pferd. Die Ergebnisse entsprechender Prüfungen geben Auskunft über den aktuellen Stand der Ausbildung und zeigen mögliche Fehler, Schwachpunkte und Defizite auf. Dieser Ehrgeiz ist durchaus sinnvoll. Leider bildet für immer mehr Islandpferdereiter das Turnier den eigentlichen Mittelpunkt aller reiterlichen Bemühungen, sie sehen im erfolgreichen Abschneiden ihr höchstes Ziel. Wer seine Prioritäten so einseitig setzt, degradiert den vielseitigen Isländer damit –sicher oft unbewusst– zum töltenden Fachidioten. Turniere und die ausgeschriebenen Prüfungen beleuchten lediglich eine, wenn auch sicher besonders spektakuläre und für Zuschauer fesselnde, Facette des Reitens mit Islandpferden, eine Tatsache, die bei allem verständlichen und lobenswerten Ehrgeiz nicht aus den Augen verloren werden darf.

Alles geregelt

Mit welchem Anspruch und aus welchem Grund auch immer man an Wettkämpfen teilnimmt, man wird meist eine Veranstaltung des IPZV oder der IGV besuchen. Im Rahmen die-

Die Isländer mischten sich von Anfang an im Distanzsport unter Kollegen anderer Rassen.

der von Mensch und Pferd avancieren möchte, findet in der Islandpferde-Prüfungsordnung (IPO) das dazugehörige Regelwerk. Die darin enthaltene Sportordnung, Ausbildungs- und Prüfungsordnung, Zuchtordnung sowie eine Rechtsordnung legen verbindlich die Regeln für das verbandsinterne Turnierwesen, die Zucht und Ausbildung fest.

Breites Spektrum

Grundsätzlich steht dem Turnierreiter eine Vielzahl an Prüfungen offen, die verschiedene Aspekte der allgemeinen oder speziellen Veranlagung des Islandpferdes abfragen. Bei Gangprüfungen auf der Ovalbahn und der Passer Turniere werden durchweg Prüfungen angeboten, die entweder auf die spezielle Gangveranlagung des Isländers zugeschnitten sind, andere Aspekte der sorgfältigen Ausbildung eines Gangpferdes beleuchten oder die Vielseitigkeit dieser Rasse unterstreichen. Den Vergleich mit Reitern in entsprechenden Prüfungen anderer Reitstile scheut der Islandpferdefan dagegen, wohl auf Grund der auf beiden Seiten bestehenden Vorurteile. Lediglich traditionell rasse- und reitstilübergreifende Wettkämpfe wie etwa Distanzritte werden in größerem Umfang auch vom Islandpferdefan frequentiert.

Wer mit seinem Islandpferd zu Ruhm und Ehren kommen will oder gar selbst zum Ausbil-

Ein Mohrenkopfessen: Steht nicht in der IPO, macht aber trotzdem (oder gerade deswegen?) viel Spaß

strecke werden die Spezialgangarten sowie die Grundgangarten auf verschiedenem Niveau, in variablem Tempo und in unterschiedlicher Kombination präsentiert. Gehorsamsprüfungen im Viereck entsprechen den Dressurprüfungen der konventionellen Reiterei, erlauben aber neben dem Trab auch Tölt und betonen den gymnastizierenden Aspekt guten Dressurreitens stärker. Geländeprüfungen, Reiterprüfungen, Schauwettbewerbe, Handpferdreiten, Fahnenrennen und viele andere Prüfungen stellen sicher, dass auch dreigängige Pferde samt Reiter, Turnierneulinge oder Kinder sich beteiligen können.

Für die Zulassung zu den verschiedenen Prüfungen sind das Alter und der jeweilige Leistungsstand entscheidend. Es lassen sich sieben Turnierklassen und verschiedene Leistungsklassen unterscheiden, denen ein jeweils passendes Angebot an Prüfungen zugeordnet ist. Durch die erfolgreiche Teilnahme an Prüfungen mit entsprechenden Wertnoten kann sich der Starter für die höheren Klassen qualifizieren. Da außerdem Profis (Trainer A und B) von der Teilnahme an den Prüfungen für Freizeitreiter ausgeschlossen sind, stellt dieses etwas unübersichtlich erscheinende System sicher, dass der wettbewerbsmäßige Vergleich unter Reitern etwa desselben Niveaus erfolgt.

Abzeichen und Ausbildung

Das Ausbildungswesen des IPZV sieht zahlreiche Abzeichenlehrgänge mit unterschiedlichen Schwerpunkten für Reiter jeden Alters vor. Vorbereitungskurse vermitteln das für die Prüfung notwendige praktische und theoretische Wissen und Können. Die Anforderungen der meisten Kurse sind so gestaltet, dass auch Reiter ohne eigenes Pferd mit Erfolg daran teilnehmen können.

„So musst du die Schultern zurück nehmen!" erklärt die Trainerin. Stefan hört zu und Svaki wartet geduldig ab.

Die qualifizierte Unterrichtserteilung des Islandpferdereiters liegt in den Händen IPZV-eigener Ausbilder. Inhaber eines IPZV-Reitabzeichens oder Wanderreitabzeichens sind für die Ausbildung zum Fachübungsleiter (Trainer C) zugelassen, der ersten Stufe auf dem Weg zum Ausbilder. Weiter reichende Fertigkeiten und Kenntnisse verlangt die Prüfung zum Trainer B, die fast ausschließlich von professionellen, hervorragend berittenen Reitern abgelegt werden kann. Noch eine Stufe darüber steht der Trainer A, der bereits über langjährige Berufserfahrung als Profi verfügen muss. Die Spitze

Reiterrichter verschaffen sich aus erster Hand einen Eindruck von den Qualitäten der zu prüfenden Pferde.

der Ausbildungsleiter bilden die IPZV-Ausbilder, zu deren Pflichten unter anderem die Durchführung von Vorbereitungslehrgängen und Fortbildungsveranstaltungen für Lehrgangsleiter und Richter gehört; sie sind also quasi die Ausbilder der Ausbilder. Alternativ oder zusätzlich können Reiter, die überwiegend mit der Ausbildung junger Pferde befasst sind, auch die IPZV-Bereiterprüfung ablegen.

Während die Trainer für die Ausbildung von Reitern und Pferden sorgen, widmen sich die IPZV-eigenen Zucht- und Sportrichter deren Beurteilung. Auch sie müssen sich zuvor einer anspruchsvollen Ausbildung und Prüfung unterziehen. Für alle Trainer und Richter sind außerdem Pflichtpraktika und regelmäßige Fortbildungen vorgeschrieben, bei Nichterfüllung ist die Lizenz in Gefahr!

Zucht und Zuchtreglementierung

„Das Islandpferd ist ein leistungsbereites Reitpferd für Freizeit- und Sportzwecke. Es ist robust zu halten und von unkompliziertem Wesen. Neben den Grundgangarten beherrscht das Islandpferd zumindest die Gangart Tölt und, abhängig von seiner Veranlagung, auch den Rennpass. Alle Farben und Abzeichen außer Tigerschecken kommen vor." So steht es in der Zuchtordnung des IPZV. Mit wenigen Worten wird hier ein Zuchtziel definiert, das zwar für alle Züchter verbindlich ist, ihnen aber trotzdem genügend Raum für die freie Realisierung eigener Vorstellungen lässt. Die ungeheure Vielfalt der Exterieur- und Interieurmerkmale

Nicht nur überdurchschnittliche Qualität in Exterieur, Interieur und Gangveranlagung, sondern auch ein tadelloses Wesen sind Kennzeichen guter Zuchtpferde.

des Islandpferdes gehört zu den Eigenschaften, die es zu erhalten gilt. Neben der genetischen Veranlagung richtet der engagierte Züchter sein Hauptaugenmerk auf die artgerechte Haltung seiner Zuchttiere und die robuste Aufzucht des Nachwuchses. Nur so ist es möglich, die soziale Intelligenz des Islandpferdes auch an künftige Generationen weiterzugeben. Sozial defizitäre Hengste kommen unter den naturnahen Umständen der Weidebedeckung kaum zum Zuge, ebenso wie Stuten, die sich nicht normal verhalten, vom Hengst abgelehnt und aus der Herde ausgeschlossen werden.

„Ich schau dir in die Augen, Kleines": Hrafnfaxa verfügt über viel Ausdruck.

Keine Kompromisse

Um erfolgreich züchten zu können, braucht der Züchter weit mehr als nur zwei verfügbare Elterntiere. Was das Züchten von der bloßen Vermehrung unterscheidet, ist die sorgfältige Auswahl der zur Zucht zugelassenen Pferde und die optimale Gestaltung der Aufzuchtbedingungen. Ein ausführlicher Rassestandard beschreibt die Merkmale, die ein ideales Islandpferd auszeichnen, wobei neben den Eigenschaften des Gebäudes auch die Reiteigenschaften und Charaktermerkmale ausführlich dargestellt werden. Erwünscht sind

- ein harmonisches Gebäude mit kräftigem Fundament und deutlichem Rassetyp, ein ausdrucksvolles Gesicht mit großem und wachem Auge,
- sauber getrennte, taktklare Gänge mit viel Ausdruck,
- viel Laufwille bei guter Regulierbarkeit,
- ein mutiger und entschlossener Charakter, geprägt von Respekt gegenüber dem Menschen,
- absolute Zuverlässigkeit und Kooperationsbereitschaft.

Gerade die Kombination bestimmter Merkmale – Laufwille und Zuverlässigkeit, Energie und freudige Mitarbeit, Respekt und Selbstbewusstsein – macht das typische Wesen des idealen Islandpferdes aus.

Damit diese und andere begehrte Merkmale auch an künftige Generationen weiter gegeben werden, unterliegen Elterntiere und Nachzucht einer strikten Selektion. Fohlen, Jungpferde und gerittene Pferde können sich anlässlich einer Materialprüfung den gestrengen Augen ausgebildeter Materialrichter stellen; bei Prüfungen für gerittene Pferde ist zusätzlich ein Reiterrichter tätig. Nachdem das Pferd von seinem Reiter vorgestellt wurde, wird es vom Reiterrichter geritten und hinsichtlich relevanter Merkmale aus erster Hand bewertet. Dies stellt sicher, dass das abschließende Urteil auch den Aspekt der Rittigkeit und des Charakters aus der Sicht des Reiters enthält.

Aus zwei macht drei

Die ersten Lebensjahre verbringt der junge Isländer fast ausschließlich unter freiem Himmel, auch die Bedeckung findet unter annähernd natürlichen Bedingungen, nämlich in der Herde, statt. Jedem Hengst werden die zu bele-

Neugierig, intelligent und doch auch zurückhaltend präsentiert sich das artgerecht aufgezogene junge Pferd.

Jungen Pferden – hier eine deutsche Meisterin – stehen eigene Materialprüfungen für ungerittene Pferde offen.

Die naturnahe Fortpflanzung garantiert eine gute Befruchtung und verschafft schon dem Fohlen eine hohe Lebensqualität.

Meist bringen die Stuten ihre Fohlen ohne menschliche Unterstützung auf die Welt.

genden Stuten zugeteilt, wobei eine längerfristig stabile Gemeinschaft anzustreben ist. Die Stute verbleibt bis zu sechs Wochen, also zwei Zyklen lang, in der Herde. Ist ihre Zeit gekommen, wirbt sie um den Hengst, ist sie nicht mehr empfängnisbereit, schlägt sie ihn ab. Diese natürliche Form der Fortpflanzung berücksichtigt die angeborenen Verhaltensweisen der Pferde weitgehend, sodass die ausgesprochen hohe Fruchtbarkeitsrate nicht überraschend ist.

Die Geburt vollzieht sich in der Regel auf der Weide, in der Geborgenheit der Stutenherde. Die Decksaison wird absichtlich so gewählt, dass die elf Monate später geborenen Fohlen und deren Mütter in den vollen Genuss der Weidezeit kommen. Nur selten gelingt es dem Menschen, die Geburt zu beobachten, da die Stuten sich diesbezüglich wie Wildpferde verhalten und das Abfohlen bei Störungen ohne weiteres um Tage oder gar Wochen hinauszögern können.

Sozial und selbstbewusst

Die Anwesenheit anderer Stuten, deren Fohlen und oft auch eines Deckhengstes in der Herde stellt sicher, dass das neugeborene Islandpferd von Anfang an sein Sozialverhalten üben kann. Nach dem Absetzen verbringt es den ersten Winter in einer kleineren Gruppe Gleichaltriger in einem geeigneten Offenstall. Erst im nächsten Frühjahr werden die nun bald einjährigen Jungpferde in die Herde der Zwei- bis Fünfjährigen integriert, wo sie den Rest ihrer Kindheit und Jugend verbringen. Während der warmen Jahreszeit ist für die jungen Pferde Weidegang angesagt, nur den Winter verbringen sie im Offenstall.

Anders als bei anderen Rassen ist es nicht üblich, das junge Islandpferd von Beginn an quasi handzahm zu machen und schon frühzeitig mit vorbereitender Arbeit zu beginnen. Vielmehr legt man Wert darauf, zwar die Hufpflege und medizinische Versorgung (Wurmkuren, Impfungen) optimal zu gestalten, die jungen Pferde aber ansonsten weitgehend sich selbst zu überlassen. Erst mit frühestens viereinhalb bis fünf Jahren beginnt für junge Islandpferde der Ernst des Lebens. Allenfalls zukünftige Vatertiere müssen frühzeitig anlongiert und ein wenig gearbeitet werden, um sie auf die Körung vorzubereiten, ansonsten aber trägt man der Spätreife des Islandpferdes Rechnung.

Frei geboren: Junge Hengste auf der Weide

Licht und Schatten

Fehler und Probleme in der Zucht und Aufzucht gibt es natürlich auch beim Islandpferd. Ausbilder beklagen vor allem die Unsitte mancher Stutenbesitzer, ihre älteren, mit chronischen Krankheiten behafteten oder aus anderen Gründen nicht mehr genutzten Stuten decken zu lassen und das Fohlen als Einzelkind groß zu ziehen. Gerade diese behüteten, verhätschelten und den Menschen nicht achtenden Pferde sind es, die später die meisten Probleme machen. Damit sich die soziale Intelligenz des Pferdes entwickeln und festigen kann, ist die Aufzucht in der Herde notwendig. Eben diese Form der Intelligenz macht sich der Mensch später zunutze!

Anlass zu kontroversen Diskussionen gibt auch die recht einseitige Ausrichtung von Zucht und Sport auf das fünfgängig veranlagte Pferd. Viergängig auf Materialprüfungen vorgestellte Pferde erhalten bei ansonsten vergleichbarer Leistung wegen der fehlenden Note für den Rennpass naturgemäß eine niedrigere Bewertung als Fünfgänger, obwohl der Freizeitreiter meist wenig Interesse am Rennpass hat und mit seinem Viergänger mehr als zufrieden ist.

Schließlich wird auch die Praxis der „wilden" Aufzucht oft missverstanden. Hier werden keineswegs menschenscheue, ängstliche Isländer herangezogen, sondern sozial kompetente, selbstbewusste und in ihrer Persönlichkeit

Das ausdrucksstarke Gesicht der jungen Stute Flo spricht Bände: Hier haben wir eine Persönlichkeit vor uns!

Von wegen wild und menschenscheu: Troelli (acht Jahre) ist Michis (acht Jahre) bester Freund!

gefestigte und deshalb stolze Pferde. Selbstverständlich kommt es vor, dass einzelne Personen – Züchter, Ausbilder oder Freizeitreiter – ihren Pferden gegenüber ein ethisch zweifelhaftes Verhalten zeigen und die Vierbeiner entsprechend mit Angst oder Unwillen reagieren. Dies sind jedoch Einzelfälle und das Resultat von Unwissen oder übersteigertem Ehrgeiz.

Islandpferde halten und pflegen

Islandpferde sind Pferde wie alle anderen auch, mit den pferdetypischen Bedürfnissen nach

- Licht,
- Luft,
- freier Bewegung und
- der Gesellschaft von Artgenossen.

Sie werden weitaus häufiger als andere Rassen artgerecht gehalten und ausgebildet. Dies liegt sicher auch daran, dass sie diesbezügliche Praktiken hierzulande erst richtig bekannt gemacht haben. Was anfangs radikal erschien und auf Ablehnung stieß, erhielt bald den offiziellen Segen der Verhaltensforscher und Tierärzte sowie aller echten Pferdekenner.

Die Gruppenauslaufhaltung gilt heute als die artgerechteste Haltungsform.

Artgerecht lebt es sich besser

Die beste Haltungsform für Islandpferde ist die Herdenhaltung, ob auf der Weide oder im Offenstall. Die Einzelhaltung oder die Haltung in der Box ist allenfalls in bestimmten Fällen (Krankheit, intensives Training) und auch dann nur für gewisse Zeit zu verantworten. Islandpferde verkümmern physisch wie psychisch, hält man sie isoliert oder in geschlossenen Stallungen. Artgerecht gehaltene Islandpferde erfreuen sich allgemein bis ins hohe Alter einer guten Gesundheit und sind unter dem Sattel leistungsbereit und ausgeglichen.

Sollte in der Winterzeit oder ganzjährig nicht ausreichend Weideland zur Verfügung stehen, ist die Gruppenauslaufhaltung, auch Offenstallhaltung genannt, die beste Haltungsform. Wie der Name schon sagt werden dabei Pferde in der Herde in einem Stall mit direkt anschließendem Auslauf gehalten. Offenställe sind so konstruiert, dass den Pferden zwar ein Unterstand zur Verfügung steht, sie diesen aber nach Belieben aufsuchen und verlassen können. An das eigentliche Stallgebäude grenzt der Auslauf oder Paddock an, der Raum für Laufspiele oder zum gemeinsamen Dösen bietet. Die Fütterung erfolgt teils unter Dach, teils aber auch im freien Bereich, oft durch Fressgitter, Fressstände, lange Futtertröge oder Rundraufen.

Auch mit 23 Jahren gehört Nellys Freund Funi noch lange nicht zum alten Eisen.

In Islandpferdekreisen ein gewohntes Bild: Hier toben zwei Spitzen-Turnierpferde über die Weide.

Die Offenstallhaltung ist allerdings nur dann artgerecht, wenn alle Pferde ihre Vorteile genießen können: Alle haben Zugang zu Wasser und Futter, der überdachte Raum reicht für alle aus, alle können ungestört schlafen oder spielen. Außerdem muss die Anlage so konstruiert sein, dass die hygienischen Verhältnisse einwandfrei und die Pferde sicher untergebracht sind. Sie sollte sich also leicht reinigen und instand halten lassen und hütesicher eingezäunt sein. Vermatschte Ausläufe, knietiefe Kotstellen und ständige Prügeleien innerhalb der Herde durch falsches Management sind Kennzeichen unzureichenden Wissens der Pferdehalter.

Grüne Freiheit

Während der Weidesaison ist für Stuten und Fohlen sowie Jungpferde der gemeinsame Weidegang ein Muss, für alle anderen zumindest erstrebenswert. Eine geeignete Weide hat einen möglichst langrechteckigen Zuschnitt, bietet allen Pferden genügend Schutz vor der Witterung (intensive Sonneneinstrahlung, Regen), freien Zugang zu Wasser und einen guten, nicht zu reichhaltigen Bewuchs. Die Einzäunung muss ausbruchs- und verletzungssicher gestaltet sein, der Zugang sollte möglichst praktisch und sicher (keine Elektro-Torfedern!) konstruiert werden.

Der Weidegang sichert eine naturnahe Ernährung bei freier Bewegung

Zu Beginn der Weidesaison ist es nötig, alle Pferde vorsichtig anzuweiden, um Erkrankungen des Verdauungstraktes zu verhindern. Sie werden zunächst nach der Raufutteraufnahme nur kurze Zeit auf frisches Gras gelassen und nach höchstens einer Stunde wieder in den Stall zurückgetrieben. In den folgenden zwei Wochen verlängert man die tägliche Weidezeit, bis die Herde schließlich dauerhaft auf der Weide bleibt.

Gutes Weideland stellt einen erheblichen Wert dar, den es zu pflegen und zu schützen gilt. Dazu gehört die routinemäßige Entnahme einer Bodenprobe mit anschließender Analyse, auf Grund derer dann gedüngt wird. Reinigungsschnitte verhindern, dass Unkraut allzu sehr die Oberhand gewinnt. Weideflächen sollten täglich, mindestens aber alle drei Tage abgeäppelt werden, um die Übertragung von Endoparasiten einzudämmen. Bei weitläufigen Anlagen ist dies oft nicht möglich, dann empfiehlt sich die wechselweise Beweidung mit Rindern, ein Brachjahr oder die abwechselnde Nutzung als Heuwiese und Weide.

Gleich und gleich

Bei der Zusammenstellung der Herden sollte man darauf achten, die Gruppen möglichst homogen zu gestalten. Pferde gleichen Geschlechts und gleichen Alters bilden stabile Gemeinschaften, die nach den üblichen Rangordnungskämpfen weitgehend friedlich zusammen leben. Ständige Unruhe, ewiger Streit und damit eine erhöhte Verletzungsgefahr ist oft die Folge von mehr zufällig als sachgerecht gestalteten Gruppen: Stehen etwa Stuten und Wallache zusammen, sind Kämpfe um den Besitz der Damen zwischen einigen Möchtegern-Machos unausweichlich. Sehr alte Pferde werden, ebenso wie sehr junge, am besten nur mit Gleichaltrigen gehalten, da sie sonst stark bedrängt und benachteiligt werden.

Viel Heu, wenig Hafer

Bei der Fütterung des Islandpferdes kommt erstklassigem Heu in reichhaltigen Mengen die größte Bedeutung zu. Heu, auch Weidegras oder Heulage, deckt den Grundbedarf aller Pferde ab und entspricht am ehesten ihrem Bedürfnis nach voluminöser, ballaststoffhaltiger Ernährung. Kraftfutter erhalten nur solche Pferde, die einen erhöhten Bedarf aufweisen:

Bananen sind doch reine Natur und damit in Maßen und ohne Schale ein geeignetes Futtermittel, findet Valur!

Zuchtpferde im Einsatz, beanspruchte Reitpferde sowie ältere Pferde. Sie sind mit Mengen zwischen einem halben und eineinhalb Kilo eines guten Müslifutters meist ausreichend versorgt. Geeignete Mischfutter für Islandpferde sind haferfreie Produkte, die auf einer Basis aus Mais oder Gerste gemischt sind und vergleichsweise viel Rohfaser und Energie bei eher geringem Eiweißgehalt aufweisen. Weitere Zusatzfutter sind in Einzelfällen ebenfalls sinnvoll oder notwendig, etwa

- Karotin für Zuchtpferde,
- Bierhefeprodukte während des Fellwechsels,
- Biotin für Pferde mit problematischen Hufen,
- Vitamin- und Mineralstoffkonzentrate für alle Pferde, die einen erhöhten Bedarf haben (Leistungssport, Zuchteinsatz) oder
- Kalkprodukte während Zeiten intensiven Wachstums.

Neben der Fütterung darf die Versorgung mit Wasser nicht vergessen werden. Um ohne großen Aufwand ständig sauberes Wasser zur Verfügung zu stellen, sind Selbsttränken die beste Lösung. Für Offenställe sind spezielle Produkte, etwa frostsichere Tränken oder praktische Heizungssysteme für den gesamten Wasserkreislauf, auf dem Markt.

Gesund und munter

Auch bei einer ausgesprochen robusten Rasse wie dem Islandpferd darf die Gesundheitsvorsorge keinesfalls vernachlässigt werden. Dazu gehört die

- regelmäßige Entwurmung mindestens alle drei Monate, mit jährlichem Wechsel der eingesetzten Wirkstoffgruppe, oder nach vorheriger Kotuntersuchung und auf Empfehlung des Tierarztes,
- Impfung mindestens gegen Tetanus und Tollwut, zusätzlich meist auch gegen hochansteckende Infektionskrankheiten (Pferdeinfluenza und Virusabort) und die
- regelmäßige Hufpflege (etwa alle sechs Wochen) oder der Hufbeschlag (etwa alle acht bis zehn Wochen).

Bei der täglichen Pflege verfährt der Islandpferdereiter eher zurückhaltend, nicht etwa aus Faulheit, sondern um den natürlichen Schutzmantel der Haut nicht zu stören. Schmutz, Staub und loses Fell werden grob entfernt, das Pferd aber keinesfalls staubfrei gebürstet oder gar mit einem Pferdestaubsauger bearbeitet beziehungsweise dauernd gewaschen. Allgemein gilt, dass peinlichste Sauberkeit überall dort zu herrschen hat, wo die Ausrüstung liegt (Sat-

Regelmäßige Wurmkuren sorgen dafür, dass unerwünschte Untermieter kurz gehalten werden.

Bitte nicht schneiden: Das natürlich belassene Langhaar schützt vor Wind und Wetter.

tellage, Gurtlage, Kopf). Außerdem werden täglich die Hufe ausgekratzt, und das Pferd wird während der Pflege einer allgemeinen Gesundheitskontrolle (Schwellungen, Verletzungen, Wohlbefinden) unterzogen. Eine Teilschur (Hals und Brust, „Rallyestreifen" rundum, Bauch) verschafft dem dick bepelzten Isländer im Frühjahr oder Herbst Erleichterung. Sie bietet sich vor allem für stärker gearbeitete und damit häufiger verschwitzte Reitpferde an und schadet, wenn sie sachgerecht vorgenommen wird, nicht.

Robust? Ja, aber ...

Anspruchslosigkeit, Leichtfuttrigkeit, Langlebigkeit und Gesundheit der Isländer sind sicher mindestens ebenso das Resultat einer gesunden Aufzucht und Haltung wie ein rassespezifisches Phänomen. Die Achillesferse des Islandpferdes, die anfällige Hautgesundheit, darf dennoch keinesfalls unter den Teppich gekehrt werden.

Viele Islandpferde leiden unter chronischen oder sporadisch auftretenden Erkrankungen der Haut. Das Sommerekzem, eine allergische Reaktion auf den Stich bestimmter Mückenarten, tritt ausschließlich während der warmen Jahreszeit auf und verursacht erheblichen Juckreiz. Die betroffenen Pferde beginnen, sich an den besonders betroffenen Stellen – Mähne,

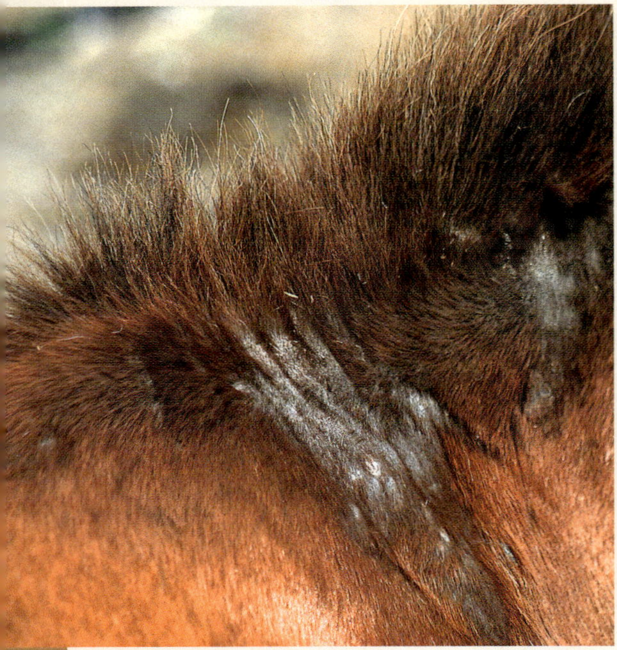

So muss kein Ekzemer aussehen: Bild eines unbehandelten Pferdes.

Islandpferde und ihre Reiter: Mit allen Beinen fest am Boden und doch dem Himmel so nah ...

Schopf, Schweifrübe, Bauchnaht, Brust, Kruppe, Vorhaut und Euter – zu scheuern. Das Langhaar weist bald erhebliche Lücken auf, es entstehen kahle, später offene Stellen, die durch das ständige Schubbern und Benagen kaum abheilen. Von dieser vererbbaren Krankheit sind bis zu 60 Prozent der Importpferde und bis zu 20 Prozent der kontinental gezogenen Isländer betroffen. Eine Heilung ist nicht möglich, Abhilfe schafft vor allem der Schutz vor Insekten (Aufstallen während der Hauptflugzeit in der Dämmerung, Insektensprays, Ekzemdecken), eine intensive Pflege der betroffenen Hautpartien sowie eine medizinische Behandlung. Zurzeit sind mehrere viel versprechende Behandlungsansätze im Gespräch, ein endgültiger wissenschaftlicher Beweis ihrer Wirksamkeit steht allerdings noch aus.

Unabhängig von dieser rein allergischen Erkrankung treten beim Islandpferd häufig, vor allem gegen Ende des Winters, Probleme mit Haarlingen und Pilzen auf. Haarlinge sind kleine, parasitär auf der Haut lebende Insekten, die einen erheblichen Haarverlust verursachen können. Hautpilze verbreiten sich durch Sporen und führen ebenfalls zu oft ringförmigem Haarverlust sowie zu offenen Wunden. Pilze und Haarlinge fühlen sich beim Islandpferd vor allem deshalb so wohl, weil der dicke Pelz ihnen optimale Lebensbedingungen bietet. Den Übeltätern rückt man am besten sofort mit medizinischen Waschungen, Salben oder, im Falle einer sehr ausgedehnten Pilzerkrankung, auch oral verabreichten Medikamenten zu Leibe.

Kleines Isi-Glossar

AUFRICHTUNG
Unter der Aufrichtung als Kennzeichen der Versammlung ist prinzipiell dasselbe wie bei allen anderen Rassen oder Reitweisen zu verstehen, allerdings verbindet sich im Tölt a la Islandpferd typischerweise eine hohe Aufrichtung mit oft sehr wenig Beizäumung

BALLENBOOTS
Anschnallgewichte zur Beeinflussung der Spezialgangart Tölt

DREIGÄNGER
Ein Islandpferd oder jedes Pferd anderer Rasse, das nur über die Grundgangarten Schritt, Trab und Galopp verfügt

EINTÖLTEN
Die weitere Ausbildung der genetisch veranlagten Gangart Tölt unter dem Reiter

EKZEMDECKE
Eine sehr dünne und leichte Decke, die an Sommerekzem erkrankte Islandpferde vor dem Stich der allergieauslösenden Insekten schützt

FAHNENRENNEN
Eine in beliebiger Gangart ausgetragene Turnierprüfung, bei der Fahnen durch den Reiter aus Fahnenständern aufgenommen und im Vorbeireiten in andere Fahnenständer eingesteckt werden müssen

FEIF
Föderation Europäischer Islandpferdefreunde

FÜNFGÄNGER
Ein Islandpferd, das über die Gangarten Schritt, Trab, Galopp, Tölt und Rennpass verfügt

FUNI
„Feuer"

GAEDINGAR
Isländische Bezeichnung für ein überragendes Gangpferd

GALOPPROLLE
Taktfehler im Tölt in Richtung Galopp

GANGTRENNUNG
Bei guter Gangtrennung lassen sich alle veranlagten Gänge sauber herausreiten, bei schlechter Gangtrennung kommt es zu unerwünschten Taktverschiebungen, die als Übergangsformen zwischen zwei Gängen anzusehen sind

GANGVERANLAGUNG
Die genetische Veranlagung zu bestimmten Gangarten

GELAUFENER GALOPP
Vierschlag-Galopp, der durch übermäßige Zügeleinwirkung verursacht wird

GEWICHTSTRÄGER
Ein Pferd jeder beliebigen Rasse, das über ein relativ kräftiges Fundament und einen überdurchschnittlich tragfähigen Rücken verfügt

GLOCKEN
Zum Schutz oder zur Gangbeeinflussung eingesetzte, den Huf bedeckende Überzüge

GRUNDGANGARTEN
Die Gangarten Schritt, Trab und Galopp

HANDPFERDREITEN
Beim Handpferdreiten führt der Reiter vom Pferd aus ein oder mehrere Pferde mit

HRAFNFAXA
„Schwarzmähne"

IPO
Islandpferde Prüfungsordnung

IPZV
Islandpferde-Reiter-und Züchterverband e.V.

ISLANDKANDARE
Ein bei sehr weit ausgebildeten Islandpferden vereinzelt eingesetztes Kandarengebiss mit beweglichen Hebeln

LEGEN AUS DEM GALOPP
Der Übergang aus dem Galopp in den Rennpass

ODIN
„Wotan"

OVALBAHN
Eine rundoval angelegte Reitbahn mit festem Belag, die mindestens 200 Meter lang ist

PASSSCHENKEL
Eine einseitige Verlängerung der Ovalbahn zum Reiten der Spezialgangart Rennpass

PASSSTRECKE
Ein Passschenkel oder eine andere, zum Reiten von Rennpass geeignete Strecke

PASSTÖLT
Eine unerwünschte Taktverschiebung aus dem Tölt in Richtung Pass

RINGE
Fesselringe zum Umschnallen zur Beeinflussung der Spezialgangart Tölt

SCALPER
Ballenschutz zum Überziehen

SCHWEIFRIEMEN
Ein hinten am Sattel befestigter, verstellbarer Lederriemen mit einer Schlaufe („Schweifmetze"), die um den Ansatz der Schweifrübe gelegt wird

SCHWEINEPASS
Der unerwünschte, oft auf Verspannung oder falscher Ausbildung beruhende langsame Pass

SKJANNI
„Der Glänzende"

SLEIPNIR
„Pferd Odins"

SOMMEREKZEM
Eine durch bestimmte Stechinsekten ausgelöste, allergische Hauterkrankung, die nur während der warmen Jahreszeit auftritt

TAKTUNREINHEITEN
Abweichungen vom idealen Takt

TRABTÖLT
Eine unerwünschte Taktverschiebung im Tölt in Richtung Trab

TRIBULIEREN
Auch „Wechseln" genannter, kurzzeitiger Gangsalat im Tölt, ausgelöst durch Verspannungen

TROELLI
„Riese"

VALUR
„Falke"

VIERGÄNGER
Ein über die Grundgangarten und Tölt verfügendes Islandpferd

VORGURT
Ein unter den Sattel geschnallter Gurt mit zwei Metallzungen, die das Vorrutschen des Sattels verhindern

Anhang

Islandpferde-Reiter- und Züchterverband e. V.
(IPZV)
Geschäftsstelle
Tränkepforte 3
34117 Kassel
Tel.: 0561/73951-13
E-Mail: geschaeftsstelle@ipzv.de
www.ipzv.de

Internationale Gangpferde-Vereinigung (IGV)
Peter-Staffel-Str. 13
53604 Bad Honnef
Tel.: 02224/89637
www.igv-online.de

Impressum

Gestaltung und Satz:
Ravenstein Brain Pool, Berlin
Fotos: Angelika Schmelzer
Zeichnungen: Esther von Hacht
Druck: Westermann Druck, Zwickau

Printed in Germany.

ISBN 3-86127-261-X